DESSINS

POUR L'INTELLIGENCE

DES LECTURES SUR LES FUSÉES DE GUERRE

PARIS. — IMPRIMERIE MORRIS ET COMPAGNIE
Rue Amelot, 64.

DESSINS

POUR L'INTELLIGENCE DES

LECTURES SUR LES FUSÉES DE GUERRE

FAITES EN 1860 PAR ORDRE DE

S. A. I. Mgr LE GRAND-DUC MICHEL.

GRAND-MAÎTRE DE L'ARTILLERIE RUSSE

A L'ACADÉMIE IMPÉRIALE MICHEL D'ARTILLERIE, A SAINT-PÉTERSBOURG, DEVANT MM. LES OFFICIERS D'ARTILLERIE

PAR

LE GÉNÉRAL-MAJOR KONSTANTINOFF

DIRECTEUR DE LA FABRICATION ET DE L'EMPLOI DES FUSÉES DE GUERRE EN RUSSIE

PUBLIÉES AVEC L'AUTORISATION DE S. M. L'EMPEREUR DE TOUTES LES RUSSIES

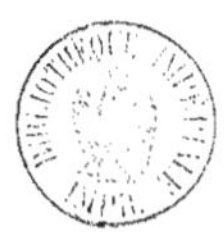

PARIS

TYPOGRAPHIE MORRIS ET COMPAGNIE, 64, RUE AMELOT

1861

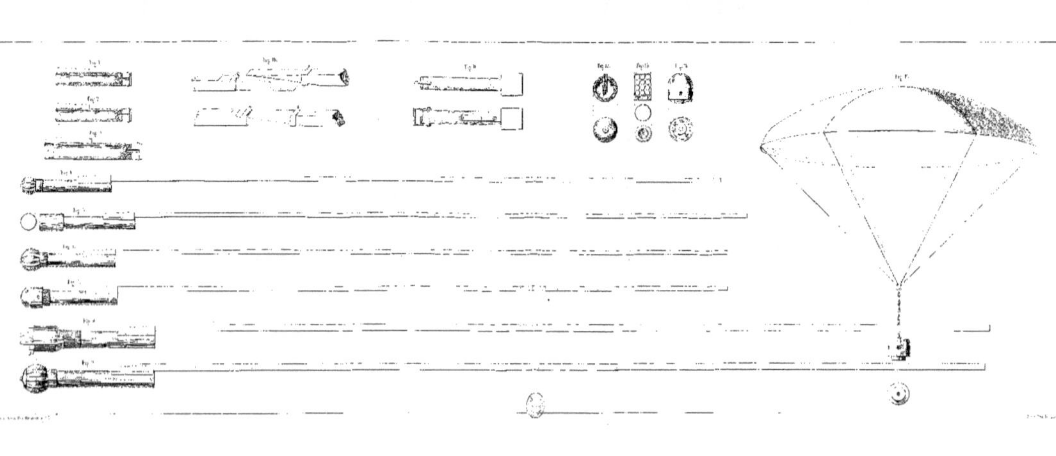

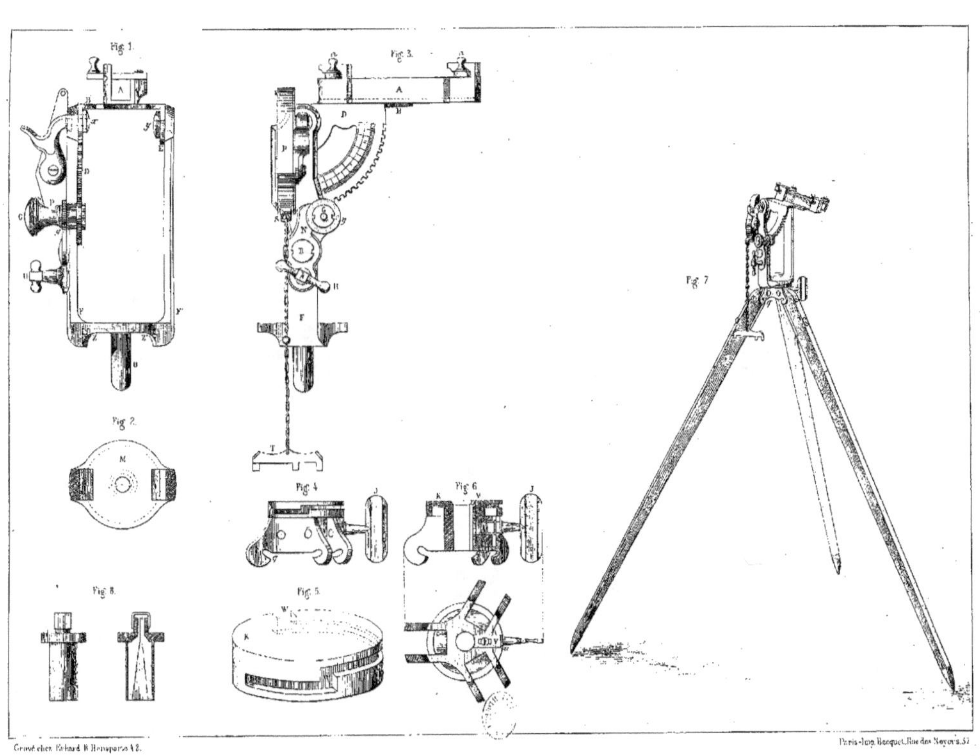

Paris-Imp. Becquet, Rue des Noyers 37.

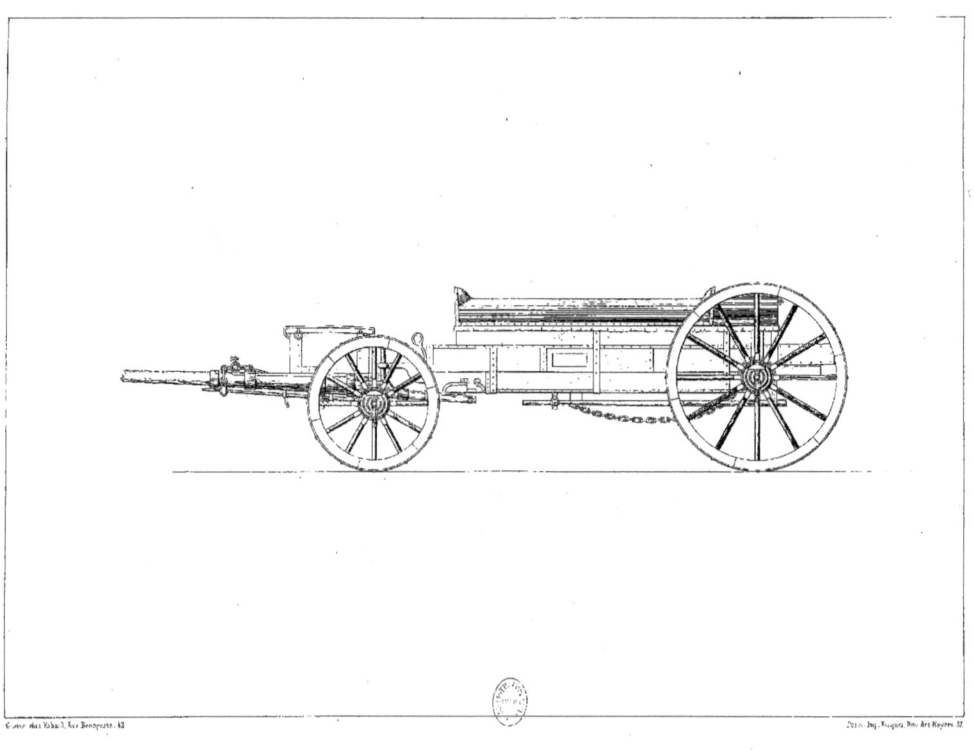

Paris chez Rabail, Rue Bonaparte, 42

Paris. Imp. Becquet, Rue des Noyers, 37.

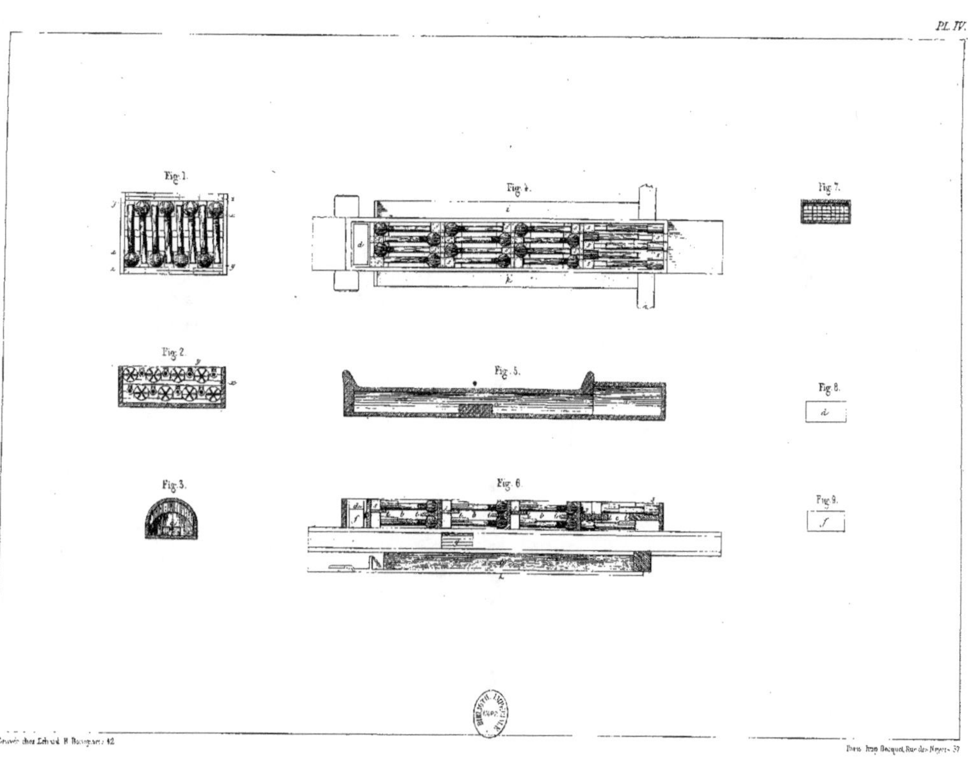

Gravé chez Lehrad. R. Bonaparte, 42.

Paris. Imp. Becquet, Rue des Noyers, 37.

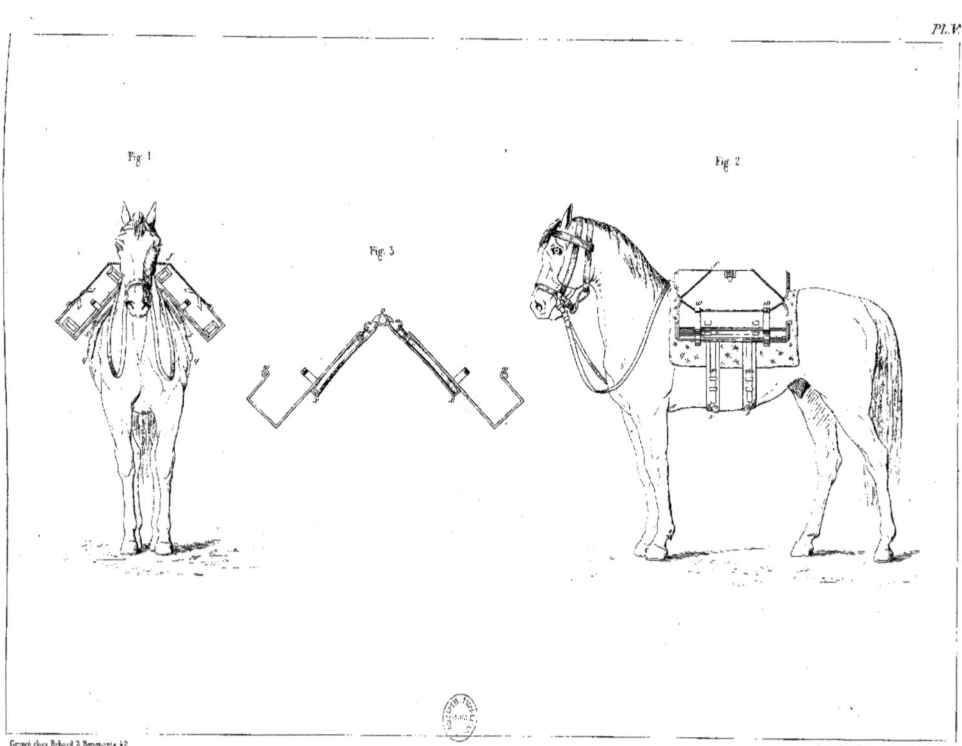
Fig. 1
Fig. 2
Fig. 3

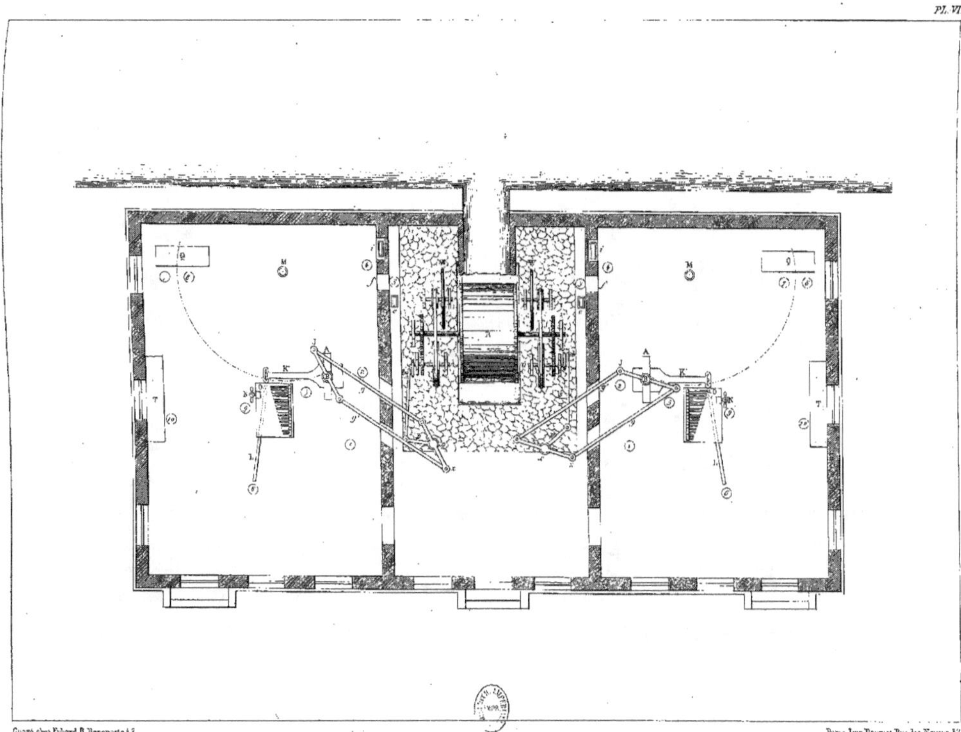

Paris Imp Becquet, Rue des Noyers 37.

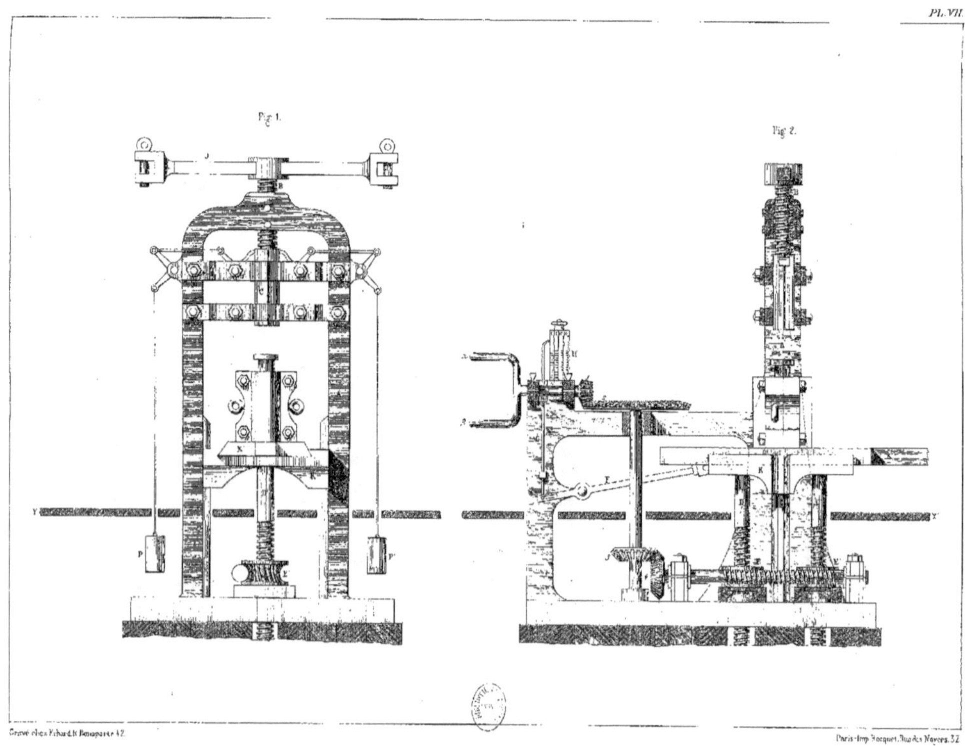

Gravé chez Pichard, R. Bonaparte, 42.

Paris-Imp. Jacquet, Rue des Noyers, 52.

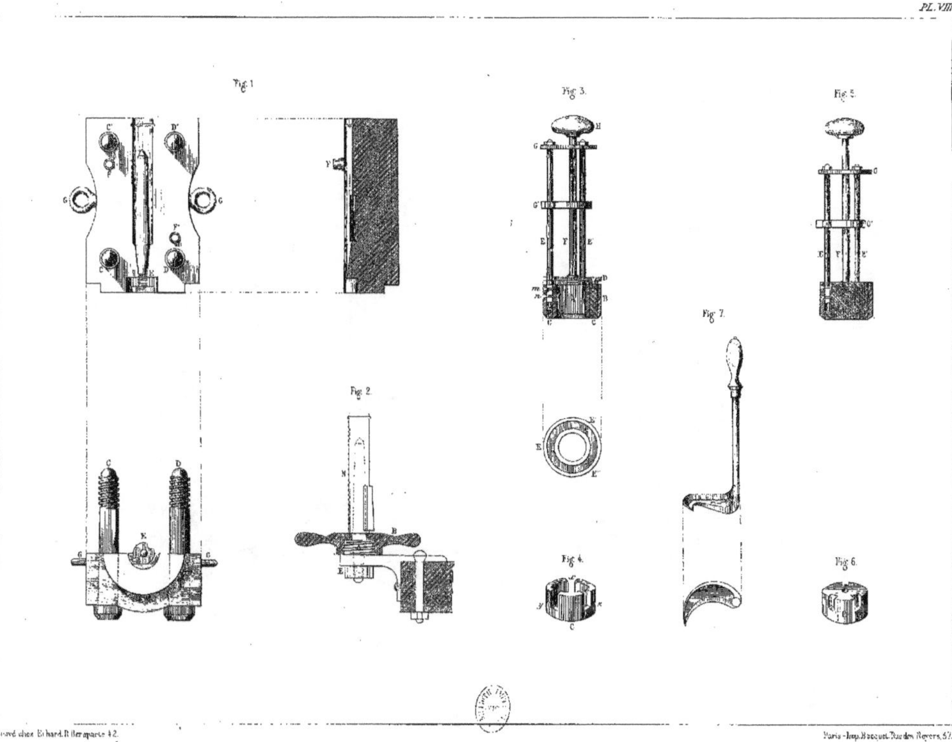

Gravé chez Erhard, R. Bonaparte 42.

Paris.-Imp. Hacquet, Rue des Noyers, 57.

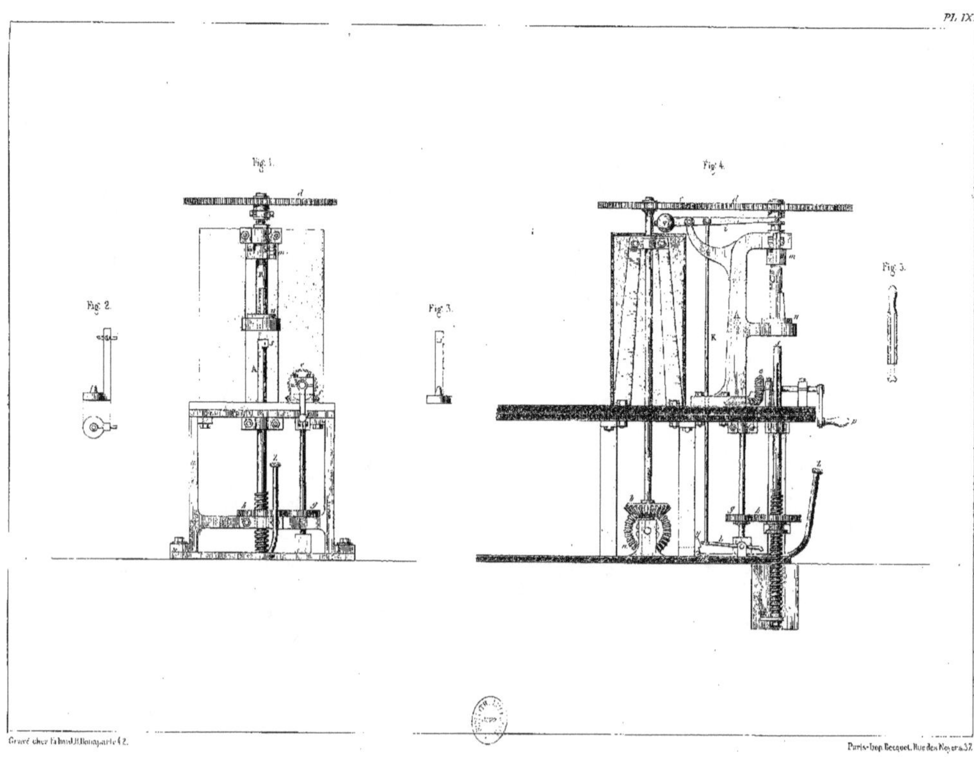

Gravé chez Fabion J.E.Bonaparte 42.

Paris-Imp.Becquet, Rue des Noyers 37.

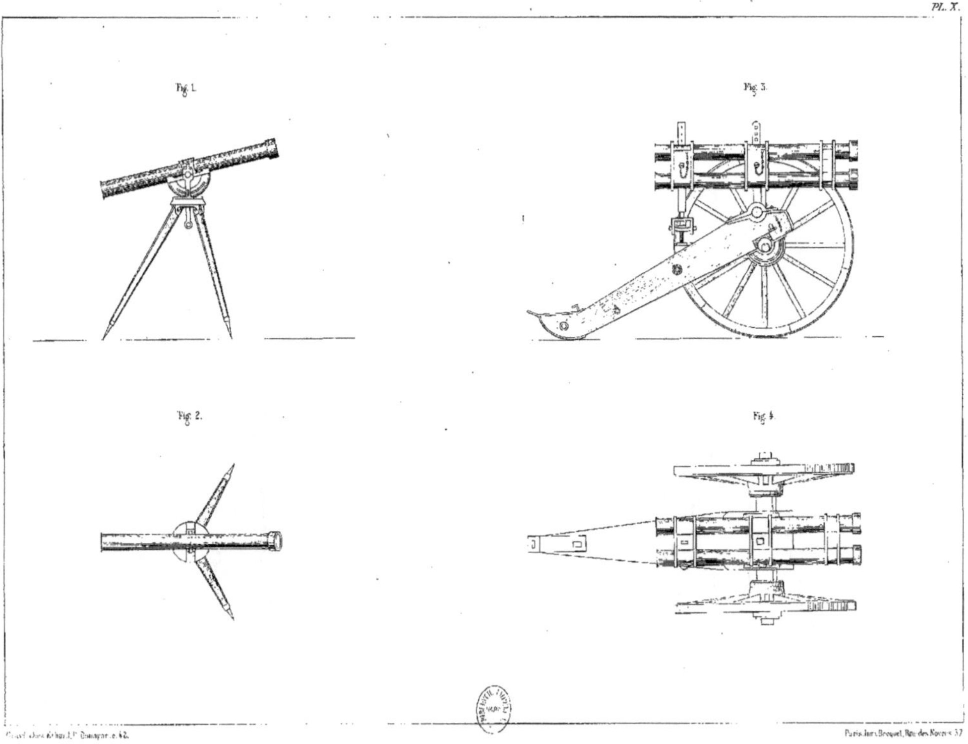

Gravé chez Krhus J.P. Bonapar...e 42.   Paris, chez Broquet, Rue des Noyers 37

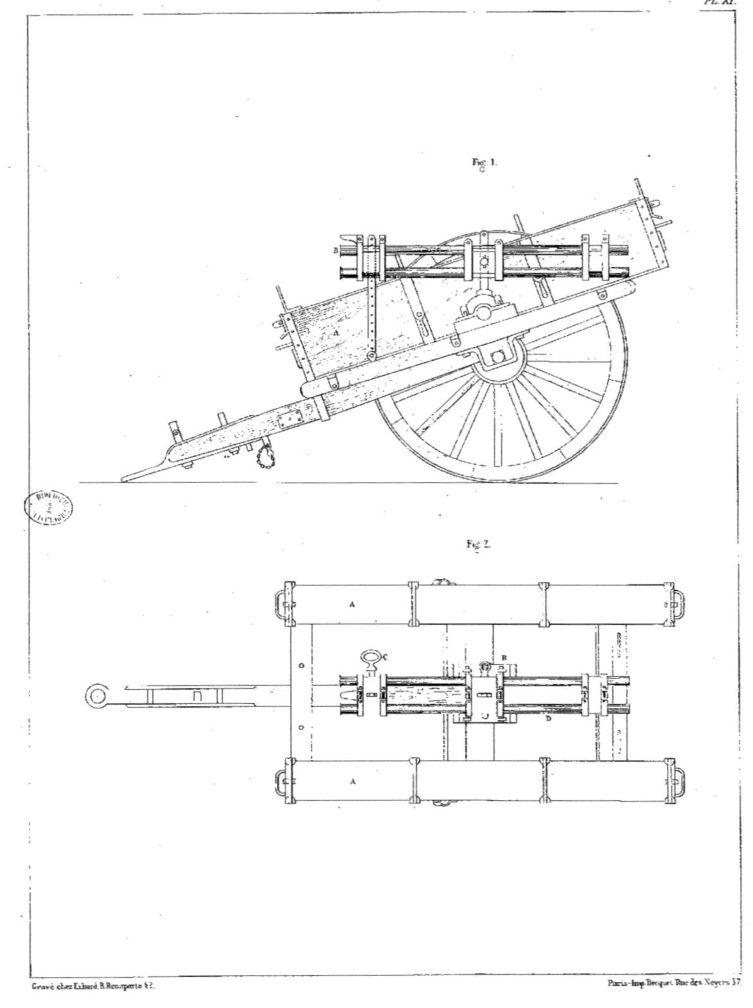

Pl. XI.
Fig 1.
Fig 2.
Gravé chez Exhard B.Bonaparte 42.
Paris-Imp.Becquet. Rue des Noyers 37.

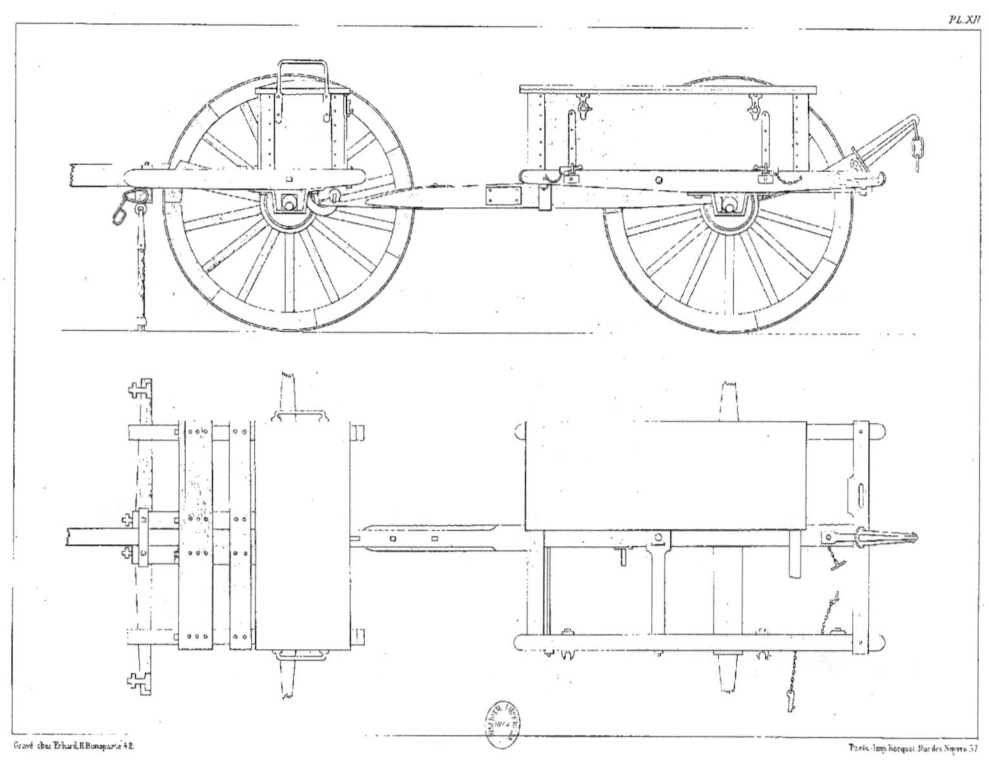

Gravé chez Richard, R. Hautefeuille 42.

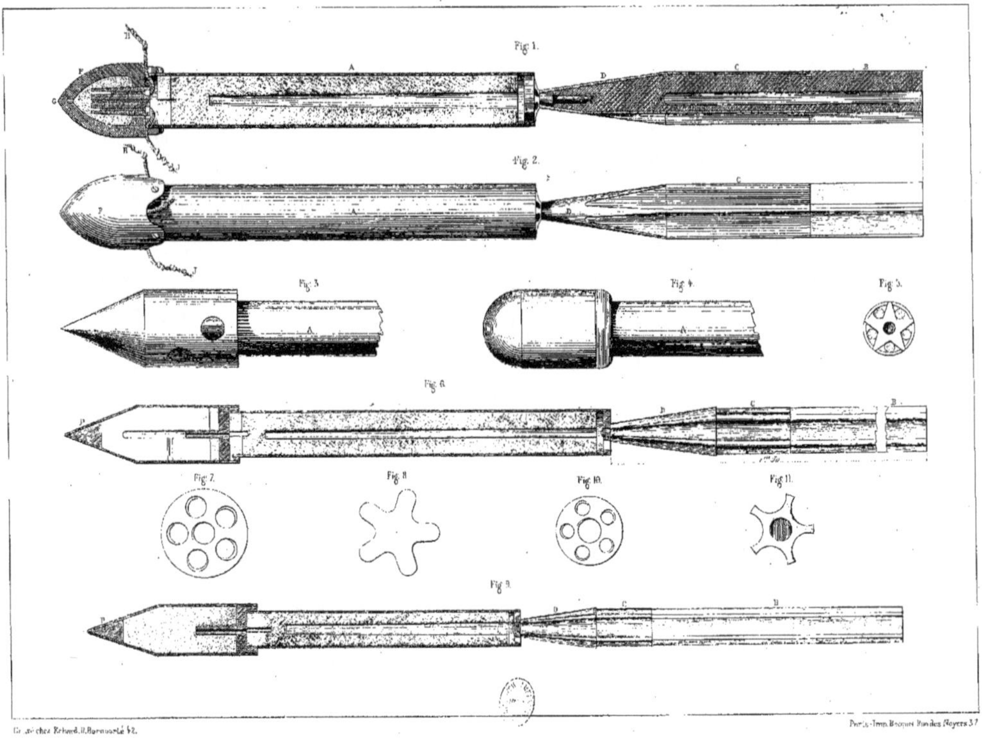

Paris.-Imp. Becquet frères, rue des Noyers 37.

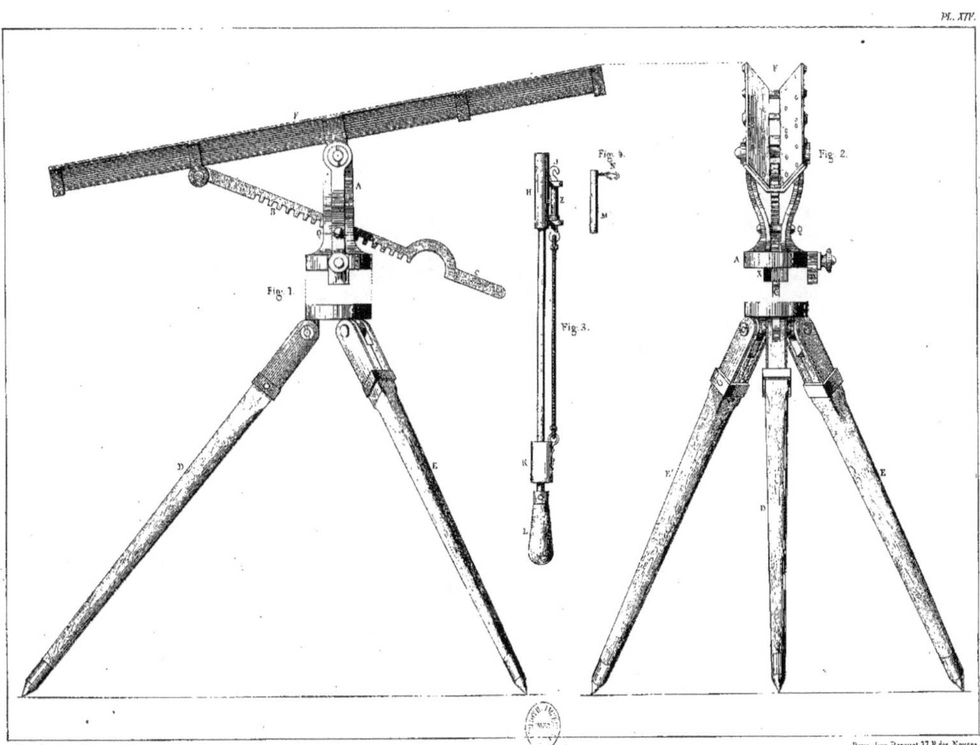
Fig. 1.
Fig. 2.
Fig. 3.
Fig. 4.

Pl. XV.

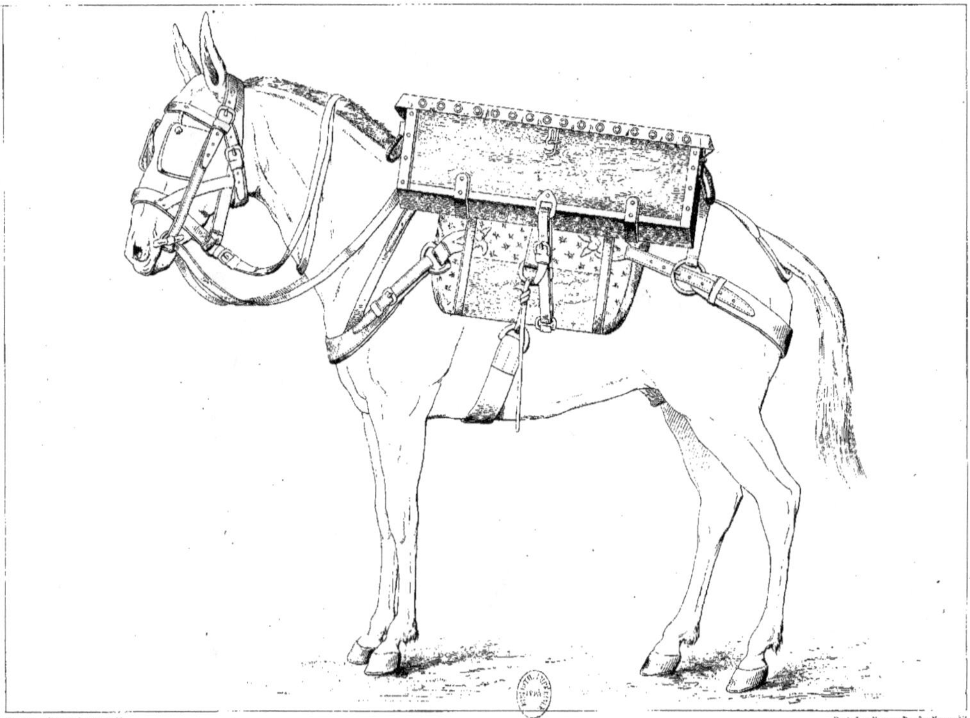

Gravé chez Erhard, R. Bonaparte 42.

Paris, Imp. Becquet, Rue des Noyers 37.

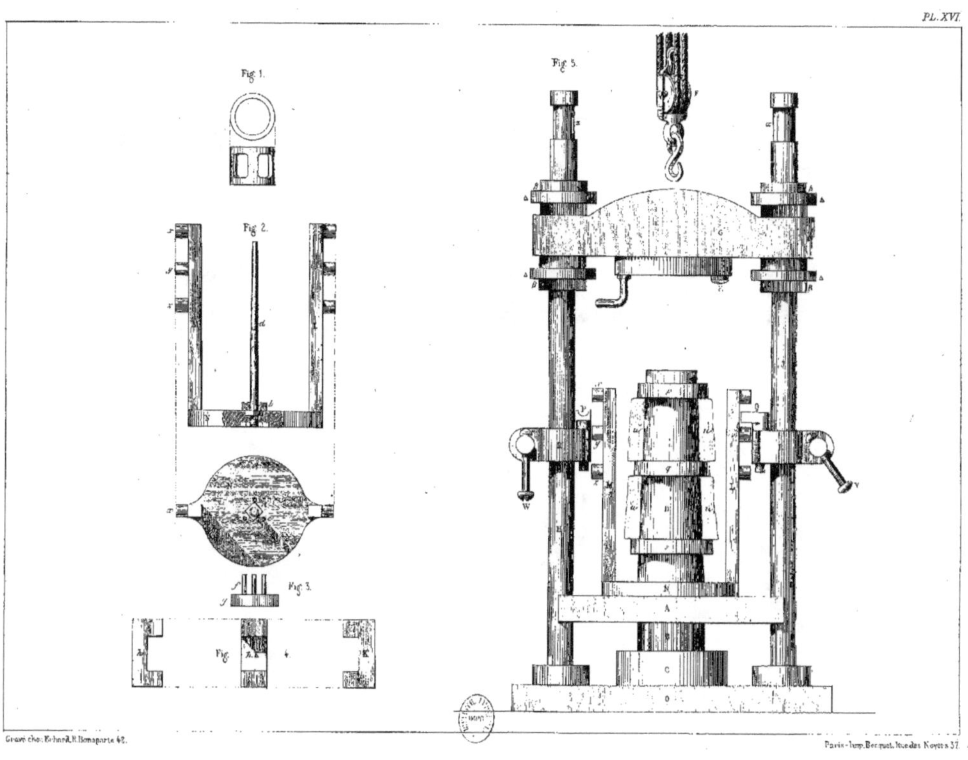

Paris-Imp. Becquet, Rue des Noyers 37.

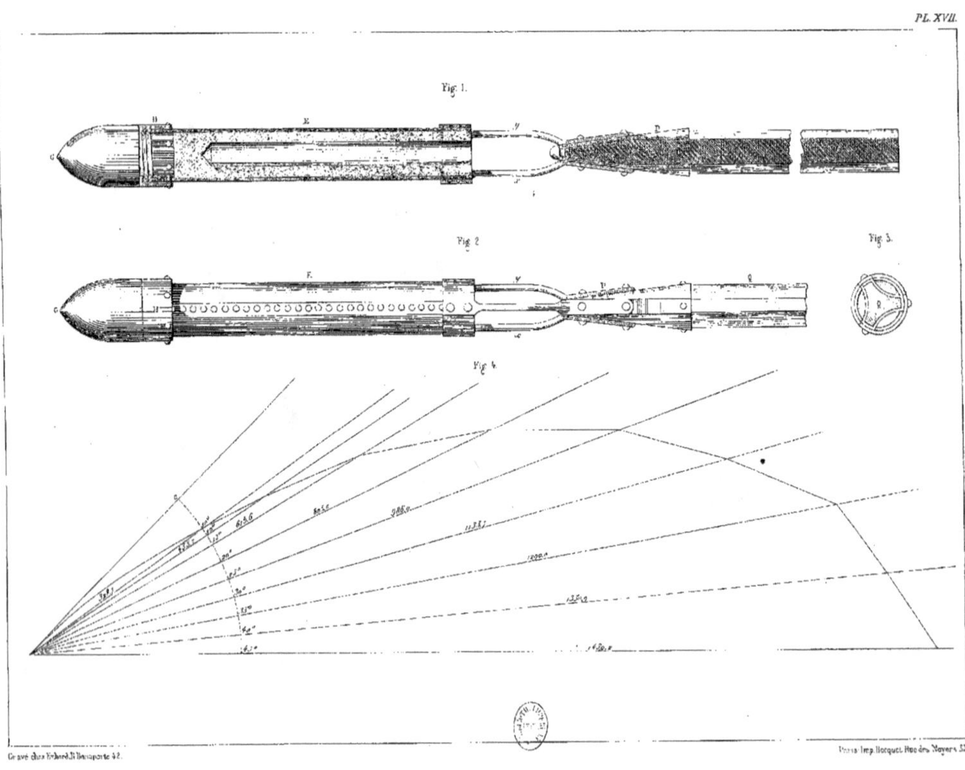

Gravé chez Erhard, R. Bonaparte 42.   Paris Imp. Becquet, Rue des Noyers 57.

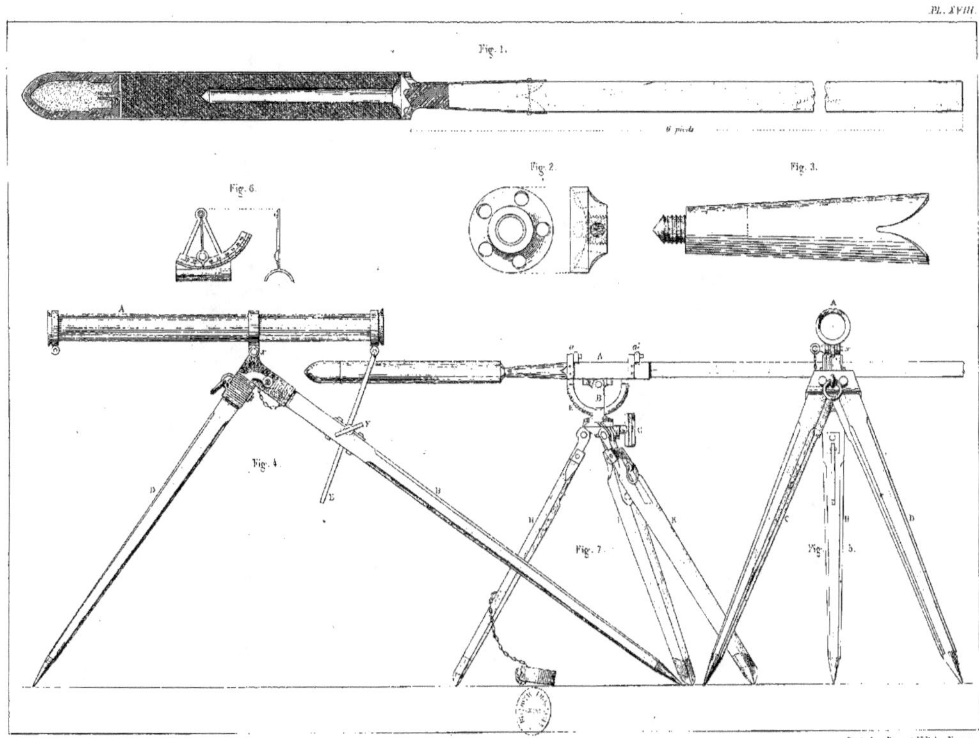

Fig. 1.
6 pieds
Fig. 6.
Fig. 2.
Fig. 3.
A
Fig. 4.
Fig. 7.
Fig. 5.

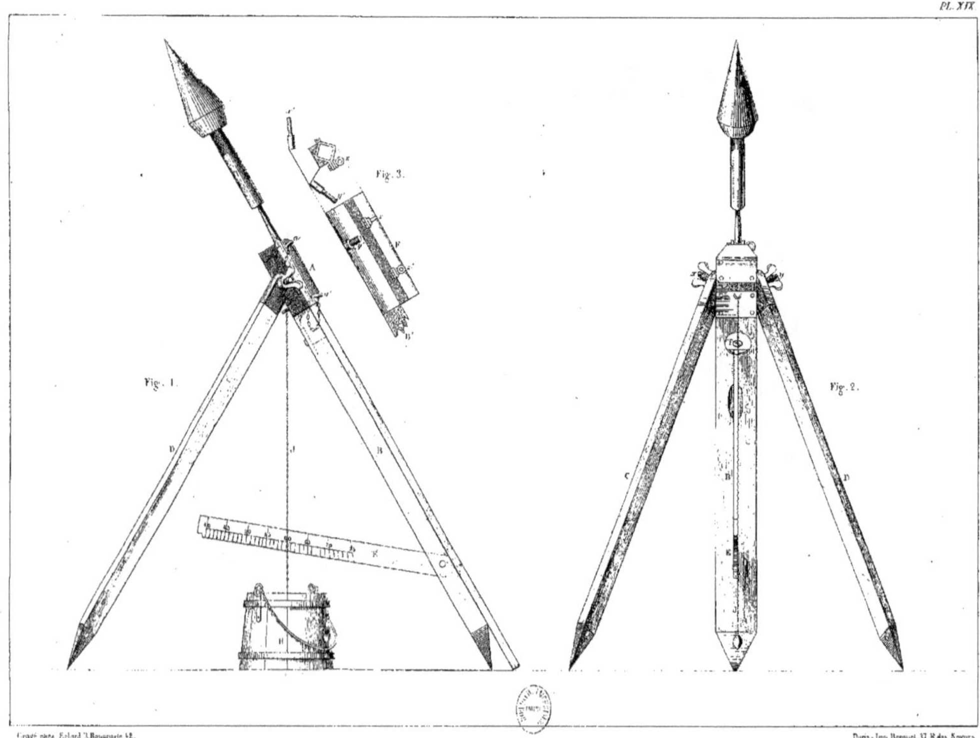

Paris - Imp. Becquet, 37 Rue de Noyers.

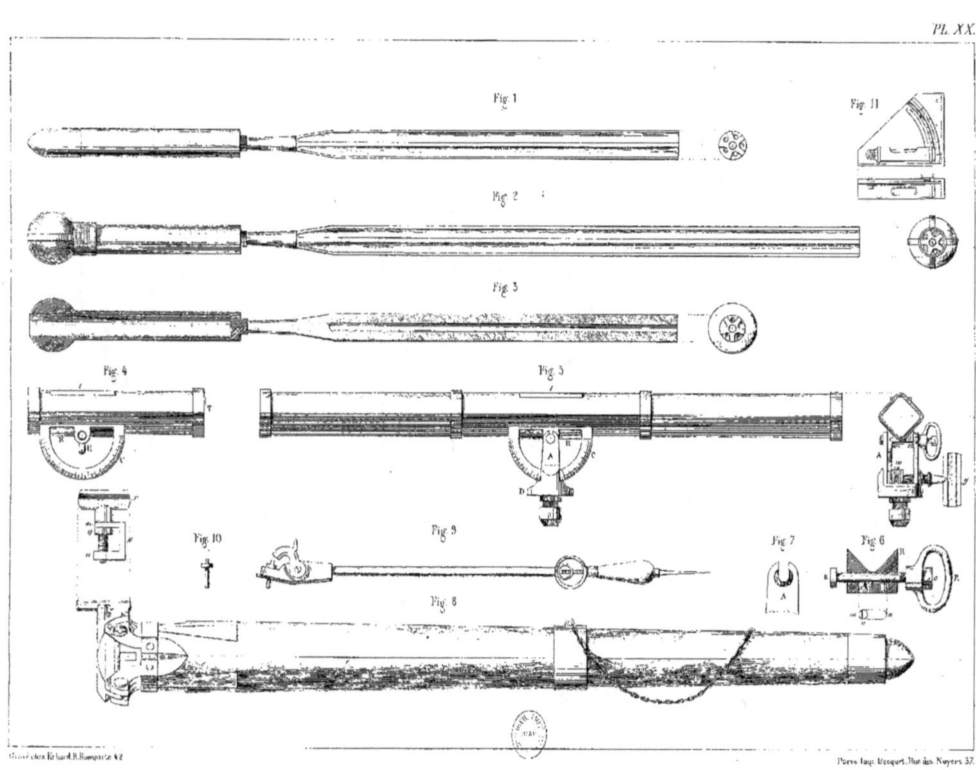

Grave chez Richard, R. Bonaparte, 42. Paris Imp. Becquet, Rue des Noyers, 37.

Fig. 1.

Fig. 2.

Fig. 3.

Fig. 4.

Fig. 5.

Fig. 6.

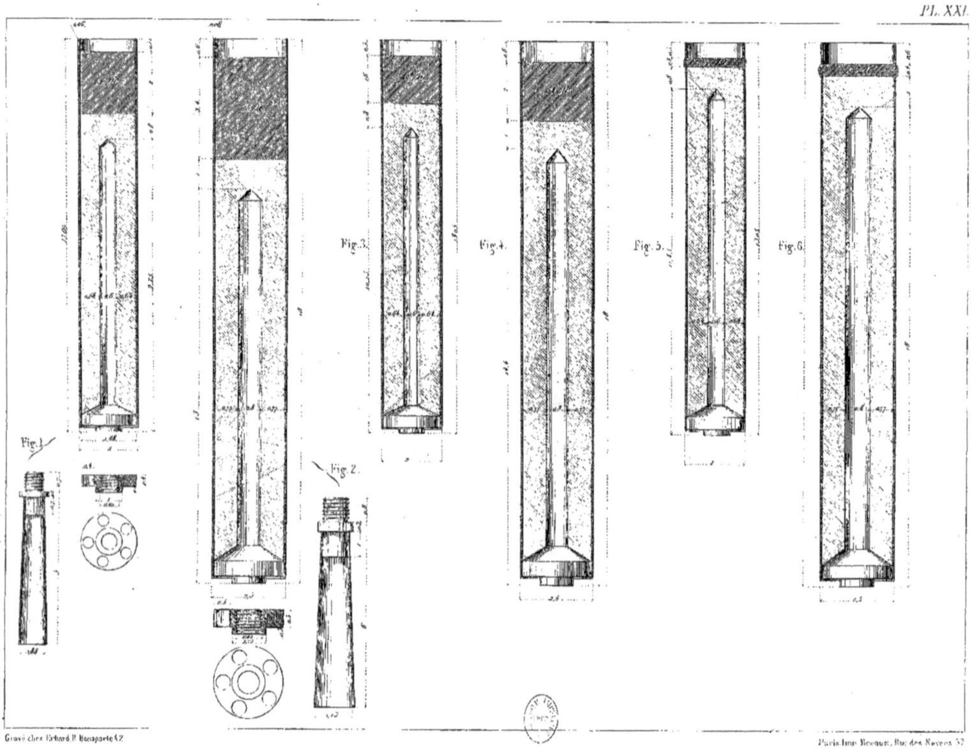

Gravé chez Erhard, R. Bonaparte 42.

Paris, Imp. Becquet, Rue des Noyers 57.

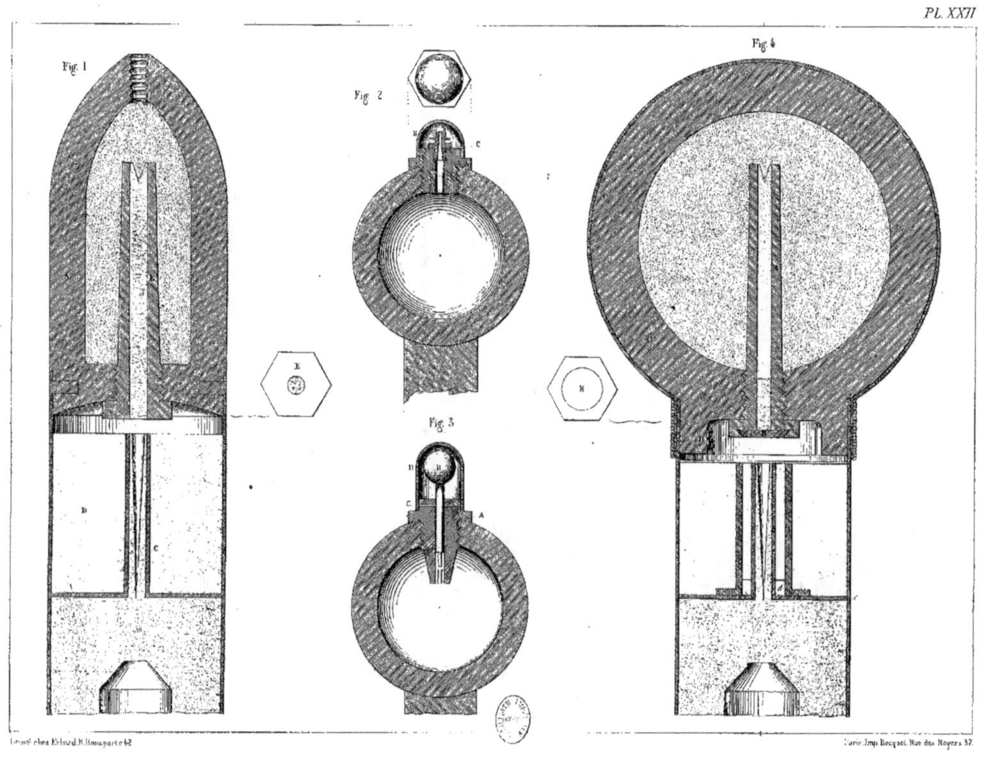

Fig. 1
Fig. 2
Fig. 3
Fig. 4

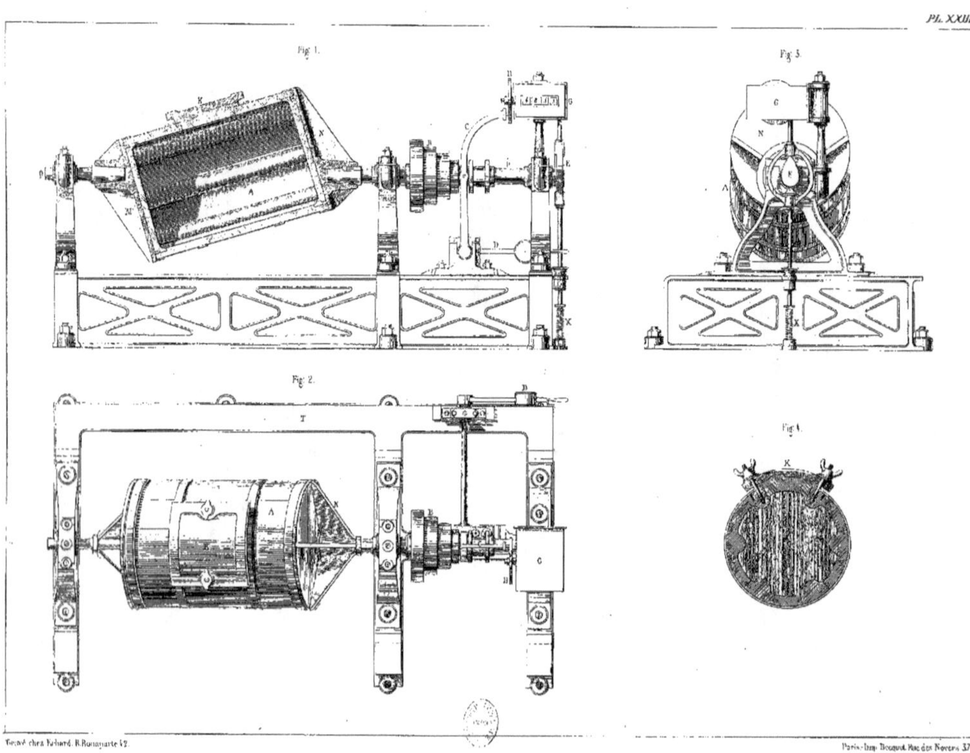

Fig. 1.
Fig. 2.
Fig. 3.
Fig. 4.

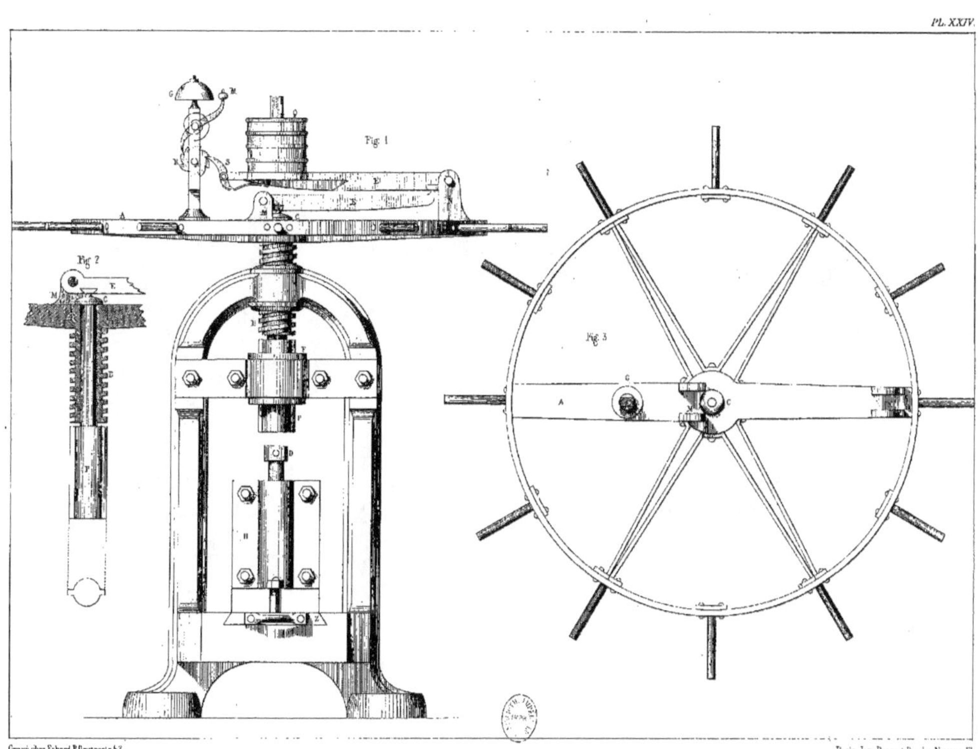

Gravé chez Richard, R.Bonaparte 42.
Paris-Imp. Becquet, Rue des Noyers, 57.

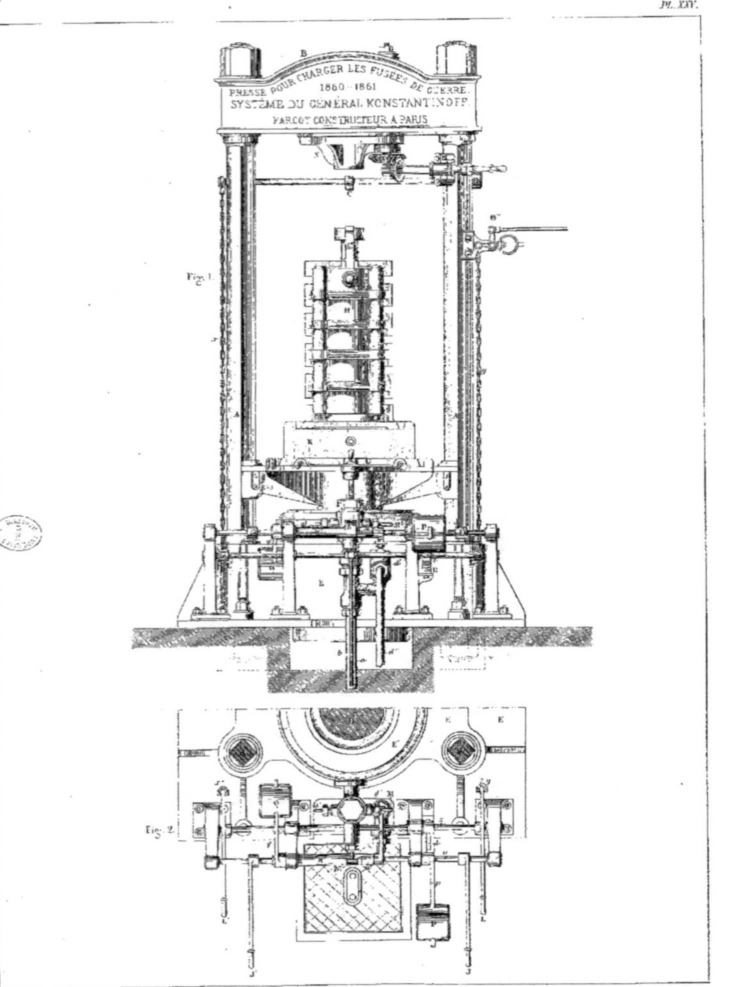
PRESSE POUR CHARGER LES FUSÉES DE GUERRE.
1860-1861
SYSTÈME DU GÉNÉRAL KONSTANTINOFF.
FARCOT CONSTRUCTEUR A PARIS
Fig. 1.
Fig. 2.

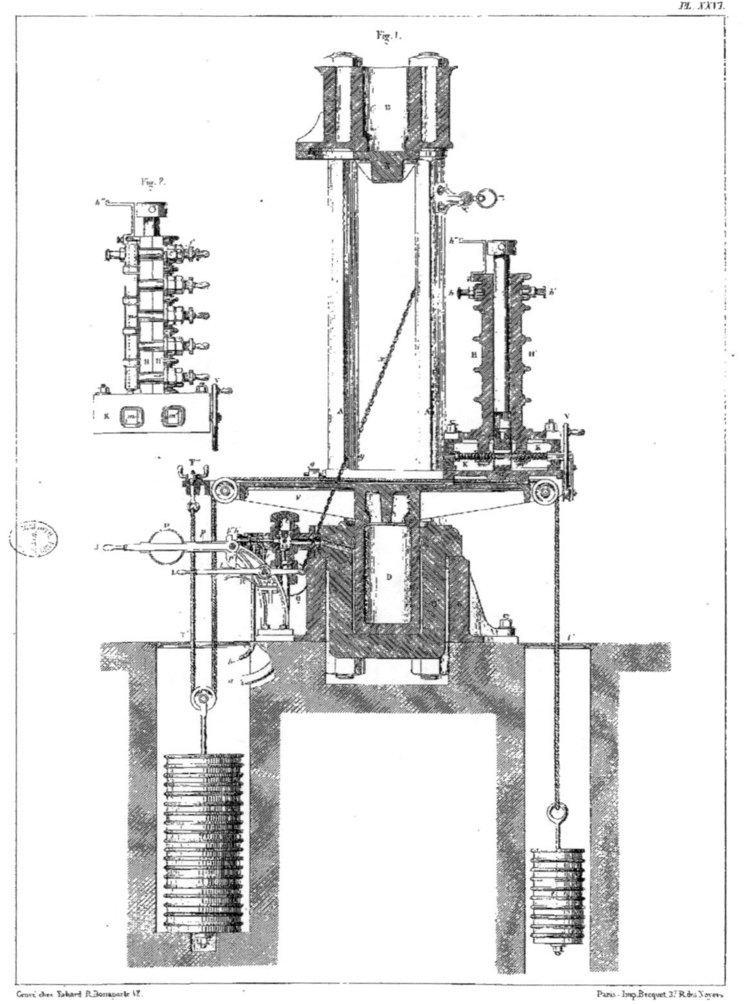

Paris.- Imp.Becquet, 37.R.du Noyers.

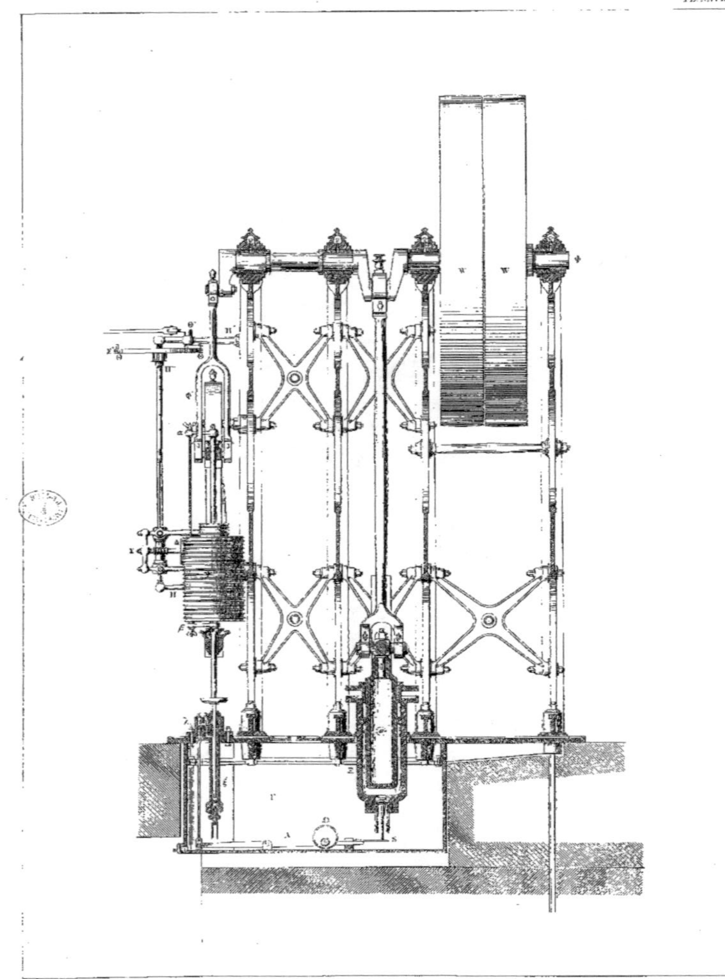

Gravé chez Erhard R. Bonaparte 42   Paris - Imp. Drouart 37 Rue Neuve.

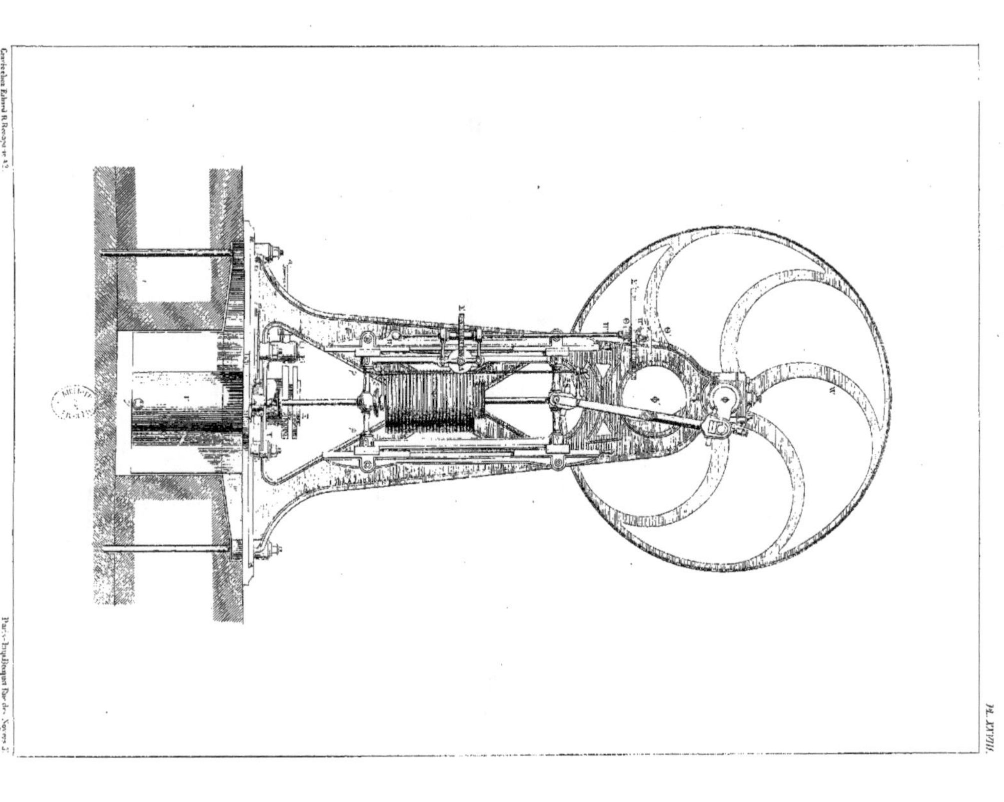

Pl. LXVIII

PL. XXIX.

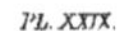

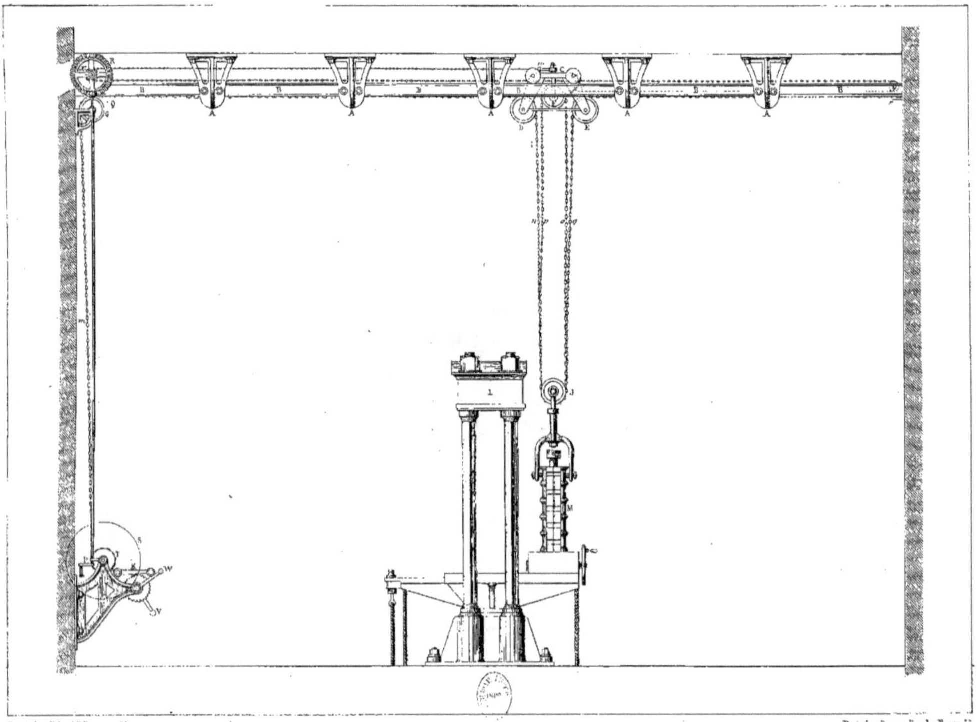

Gravé chez Erhard R. Bonaparte 42.

Paris Imp. Becquet. Rue des Noyers 37.

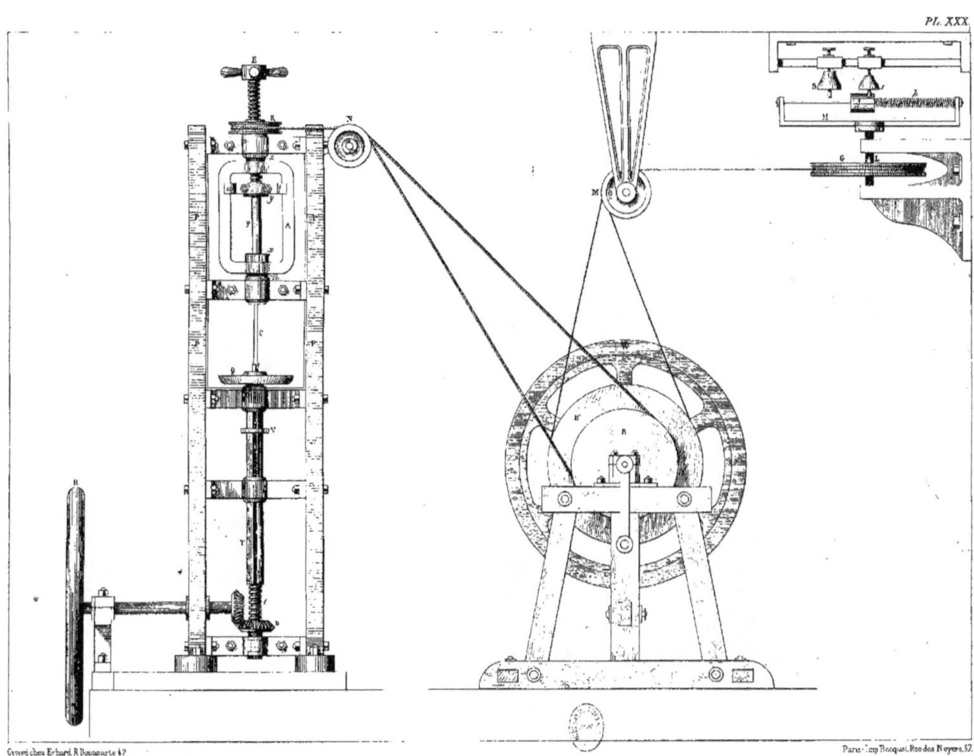

Paris.-Imp Becquet, Rue des Noyers, 57.

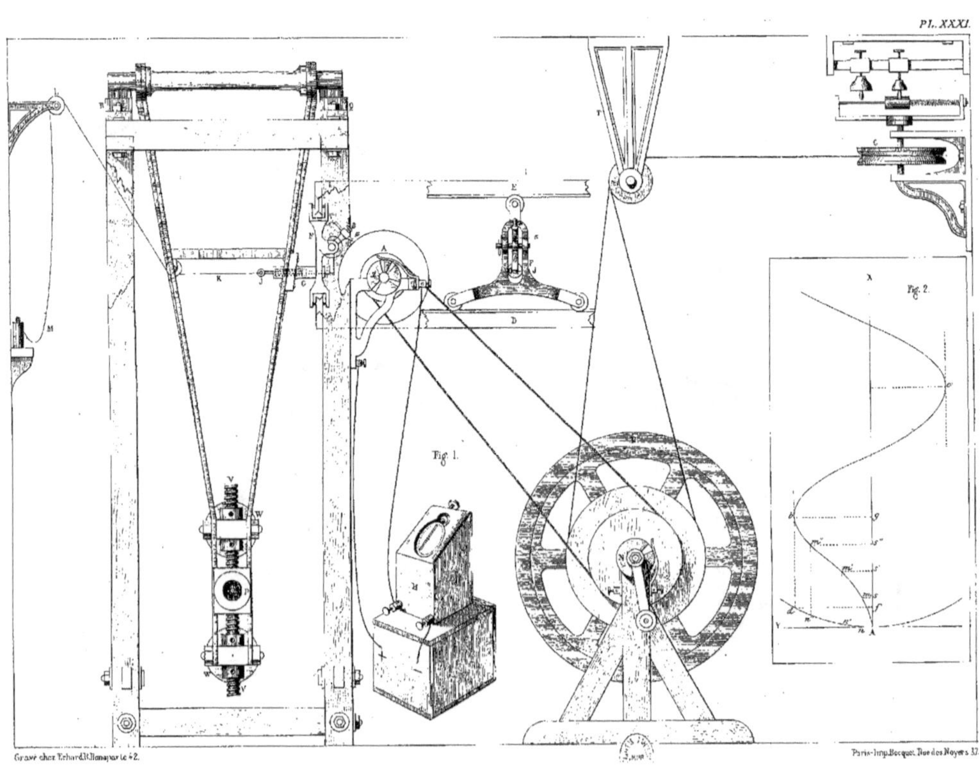
Fig. 1.
Fig. 2.

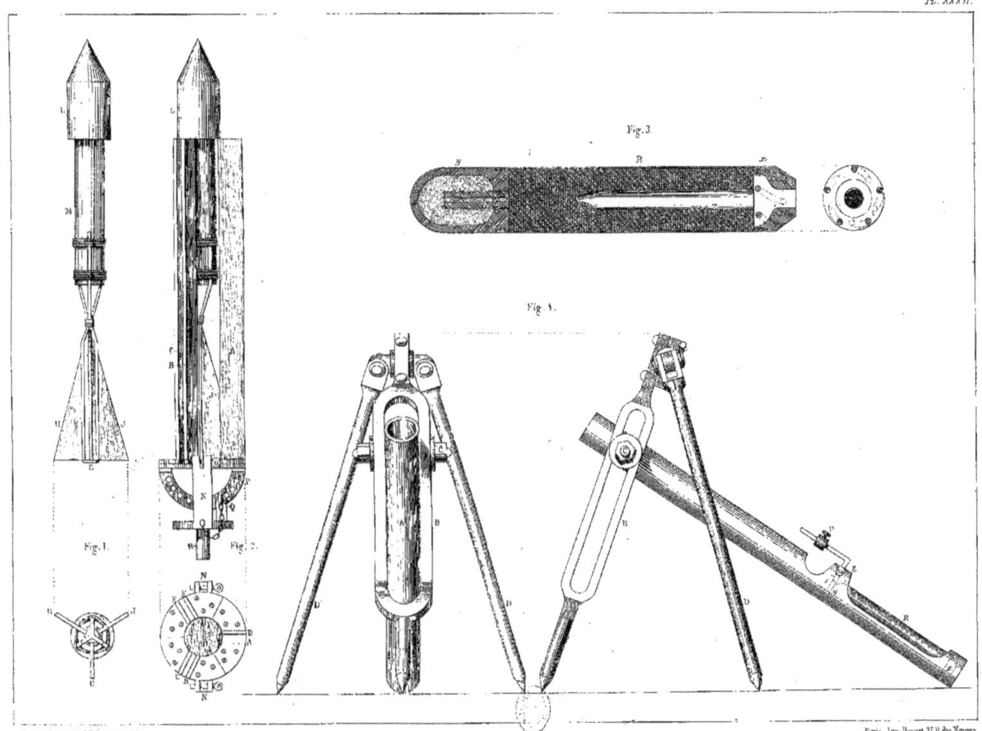

Fig. 3.
Fig. 4.
Fig. 1.
Fig. 2.